家庭美育丛书

主编 侯 令

如何欣赏
孩子的艺术作品

RUHE
XINSHANG
HAIZI DE YISHU ZUOPIN

王丽娟 著

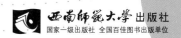

西南师范大学出版社

国家一级出版社 全国百佳图书出版单位

图书在版编目（CIP）数据

如何欣赏孩子的艺术作品 / 王丽娟著. -- 重庆：
西南师范大学出版社, 2019.7
　（家庭美育丛书）
　ISBN 978-7-5621-9884-0

Ⅰ.①如… Ⅱ.①王… Ⅲ.①美育 - 家庭教育 Ⅳ.
①G78

中国版本图书馆CIP数据核字(2019)第140659号

家庭美育丛书

主　编：侯令

如何欣赏孩子的艺术作品
RUHE XINSHANG HAIZI DE YISHU ZUOPIN

王丽娟 著

责任编辑：王正端
整体设计：郭宇飞 王正端
出版发行：西南师范大学出版社
地　　址：重庆市北碚区天生路2号
邮政编码：400715
网　　址：http://www.xdcbs.com
电　　话：（023）68860895
传　　真：（023）68208984
经　　销：新华书店
排　　版：重庆大雅数码印刷有限公司·黄金红
印　　刷：重庆康豪彩印有限公司
成品尺寸：210 mm×225 mm
印　　张：6
字　　数：155千字
版　　次：2019年10月 第1版
印　　次：2019年10月 第1次印刷
书　　号：ISBN 978-7-5621-9884-0
定　　价：45.00元

本书如有印装质量问题，请与我社读者服务部联系更换。
读者服务部电话：（023）68252471
市场营销部电话：（023）68868624 68253705

西南师范大学出版社美术分社欢迎您的赐稿。
电话：（023）68254657 68254107

写给家长朋友们

侯令

家庭美育,是 2015 年国务院颁发的《关于全面加强和改进学校美育工作的意见》(以下简称《意见》)中提出的一项重要任务,它关系到我国每个家庭精神文明的建设,关系到国民素质的整体提高。家庭美育是学校美育、社会美育"协同机制"中的组成部分,它对学生树立高尚的审美情操,提高审美和人文素养,具有不容忽视的积极作用。

为了更好地宣传国务院《意见》精神,我们特地策划和编撰出版了这套"家庭美育丛书",奉献给广大的家长朋友。希望家长朋友能够认真学习国务院《意见》,提高对美育的认识,对如何实施家庭美育有个初步的规划,把家庭美育落到实处,让孩子在家庭中就能感受到良好的美育氛围。

参加丛书编写的有高校和中小学经验丰富的美术教师,也有校外优秀的美术教师。为了能及时宣传《意见》的精神,大家都在极其紧张的工作之余,抽出宝贵的休息时间为丛书进行教学探索、调研、撰稿。我们共同的愿望是:通过丛书和家长朋友进行真诚的沟通,力求把美育工作、美术教育改革的成果介绍给家长朋友,让家长朋友对《意见》出台的背景有更深刻的认识。丛书有对美育理论的介绍,也有对家长们遇到实际问题的解答。同时,在丛书中我们也都会把自己从事多年美育工作的经验毫无保留地奉献出来,和家长一同分享。我们真诚地希望,这几本小册子,能够在多方面展现我国美术教育的最新成果,帮助家长朋友提高对家庭美育的认识和学习实施家庭美育的方法。

美是一种观念

每个人对美都有不同的观点和偏好，有的人认为大红大绿的搭配最美，有的人认为黑白灰组合最美，有的人认为模仿大师和大师画得一样最美，有的人认为尊重内心真实的表达最美。在时间的历史轨道上，人们由于受权利、地域、文化、政治的影响，塑造出了形形色色的美。这些对美的不同观点及偏好会直接影响孩子的自信心和创造力，这个您想过吗？

在这个即将走向智能化的时代里，您做好准备了吗？可能因为您的审美观点落后了，导致您的孩子学习动力及创造力的丧失。我们这一代的家长和过去的家长不同，原来的家长不会想太多孩子的学习问题，只要和孩子说"好好学习天天向上，坚持就是胜利"等鞭策孩子的话就够了。而现在社会发展的速度以及模式发生了非常大的变化，五花八门的教育理念层出不穷，孩子学什么和怎样学需要家长来辨别和选择。如果家长教育的价值观出了问题，对美的观念落后了，有可能给孩子选择的学习路径就会出现偏差，花了时间和金钱却固化了孩子的思想。由于不懂正确的审美，一句不经意的评价就可能伤害孩子敢于创造的勇气。我相信这一定不是家长想看到的局面。

本书倡导的不是传统的美术教育观念，更多是运用当代艺术的思维方式引导家长正确地欣赏并读懂孩子的艺术作品。这本书应该是每个家长的必读书之一，因为这本书里记录了我20年来在美术教育中探索到的教学经验和家长在培养孩子过程中的困惑，以案例的形式告诉家长如何正确地欣赏孩子的艺术作品，通俗易懂。尤其我又是两个孩子的妈妈，有些案例也真真实实地发生在我孩子的身上及家里，应该也会引起家长的共鸣。比如，孩子在一个阶段总画小人啊、公主啊，这是怎么回事儿？我们家长应该如何看待这种现象？还有社会上有很多美术班教孩子画简笔画，这样好不好？这样的教授方法会导致孩子什么样的坏习惯？当孩子画得很乱的时候您应该怎样理解孩子此时的感受？乱画涂鸦将给孩子带来哪些价值？……这本书应该可以帮助到您。

给您一个正确的审美价值观，让您的孩子变得自信、快乐、有创造力是我写这本书的动力。把她推广给更多的家庭，让中国的孩子都具有创造力的素养是需要你我共同完成的使命。

非常感谢牛晓茹老师、张可欣老师为本书编辑整理文稿和寻找图片给予的极大帮助。

目录

01 / 壹

如何理解孩子的乱涂乱画 002

02 / 贰

孩子作品粗糙不美观，家长如何理解这样的作品 009

03 / 叁

孩子总是重复地画同一种形象，家长如何理解 018

04 / 肆

孩子画得不像，感觉没有绘画天赋，还要学习绘画吗 030

05 / 伍

孩子几岁可以学习艺术技巧 042

06 ╱ 陆

在学习实验艺术的过程中，一个很爱画画的孩子为什么回家不爱画画了 050

07 ╱ 柒

艺术作品是如何揭示孩子内心世界的 058

08 ╱ 捌

实验性艺术创作对孩子思维方式的影响 067

09 ╱ 玖

家长对艺术的认知决定孩子的发展方向 093

10 ╱ 拾

如何看待孩子参加绘画大赛 103

01

如何理解孩子的乱涂乱画

壹　如何理解孩子的乱涂乱画

一、简笔画

　　我曾在女儿幼儿园的绘画课上见过这样一位老师，这位老师在黑板上画了一条鱼，并指导孩子如何画出鱼的轮廓，孩子们跟着老师的口令小心地画，直到一条大大的鱼跃然纸上。当然，所有孩子的画都千篇一律，毫无生动可言。下课了，一位妈妈来接自己的孩子，老师走到他跟前，欣慰地说："宝贝今天表现很棒，已经不敢再乱涂乱画了，可以按照我们的标准去画了。"妈妈开心地抚摸着孩子的小脑袋，对

图1-1 鱼 简笔画 5岁

老师说:"孩子就得好好管,不能再让他胡乱地画了,他想画什么就画什么,这怎么学得好呢?"老师接着说:"宝贝今天的涂色也很工整,颜色基本不会涂在图形的框线外了,这样他很快就可以考级了。"(图1-1)

这个场景令我十分痛心,一个天真烂漫的孩子就这样被束缚了。

二、乱线涂鸦

艺术能够帮助孩子表达自己心目中的图像,解放天性,所以孩子在进行艺术创作时,一定是轻松快乐的。有的孩子喜欢坦克,有的孩子喜欢公主,那么在他们的创作中就一定充斥着这些图像;有的孩子则喜欢在画纸上疯狂挥动小手时留下痕迹的快感;有的喜欢色彩与色彩调和时的变幻莫测。

当孩子遇到不允许他"乱涂乱画"的老师时,他将逐渐失去绘画的兴趣和动力,失去用绘画去"畅所欲言"的能力。同时,他会认为随便画是不对的,只有按照老师给出的套路画才是对的,长大后,他也将会按套路去模仿别人的想法,模仿别人的作品,也就不能成为一个有思想、有创造力和有个性的人。

有的老师,上课时间只有40分钟或者一个小时,在这短短的时间里,老师为了让孩子有作品呈现出来,就会教一些样式化的创作方法。为了最大限度地保证呈现出一个漂亮的画面,老师是不允许学生进行探索的。孩子天性是灵活自由、天真烂漫的,他们的想法会随时在自己的画笔下流露出来,这是一种自由的表达、天性的释放。如果老师长期用这样的方法教学,只会把孩子的思想禁锢了,让孩子失去自由表达的权利。这样的艺术教育,可能使孩子很快就学会画图形,但是会给孩子一种负担,他会认为自己画的不对,必须按照老师的要求去画才对。这样的教育是一种负面作用的教育,孩子不敢大胆地去画画,失去了自信,变得畏畏缩缩。同时,孩子对画画的热情将逐渐被老师浇灭。

画画应该是自然的思想流露,是释放心灵的一种媒介和工具。孩子的乱涂乱画,是在自由地表达自己。当家长看到孩子画出了自己看不懂的作品时,应该和孩子多沟通。例如,"你画的是什么呀？""你想表达的是什么？"这是家长了解孩子作品的最好途径。

5岁的KAKA拿到笔和纸后，随意地在纸上涂画了起来，小手在纸上滑动着，轻松的画笔流出一条条自然流畅的线条。KAKA脸上绽放出笑容，嘴巴里发出"咯咯咯"的笑声，小手在纸上快速转动起来，身体也跟着扭动着，很快纸上出现一个个线团。突然，KAKA激动地大叫："哇，龙卷风刮到了我的画上啦！"只见他继续指挥着画笔，说到："龙卷风刮不走强壮的大树，给我的大树烫了卷发。"

"为什么大树烫了卷发？刚刚不是龙卷风吗？怎么变成了被烫发的大树了？"

"因为龙卷风路过树林，给大树烫了卷发又走了。"（图1-2）

"乱涂乱画"就像一种即兴歌唱，开心时哼哼几句欢快的节奏，悲伤时也会有呜呜低沉的语调。"乱涂乱画"也是一种即兴的表达，快速地记录孩子当时的心情状态。自由的绘画，让孩子放下一种"任务感"，发现自己独特的绘画语言符号，想象力也在此自由地绽放。图1-3至图1-6的这些作品都是一个4岁的孩子在没有任何要求和压力下自由创作的。

让孩子描述自己的情绪和感触，如画出让自己特别伤心、特别生气或者特别开心的事情等，是一种有益的教学尝试。

王信利先在纸上画了一些内容，有两个小人儿和一张桌子。他告诉老师，有一次，妈妈把他的发明打坏了，让他特别生气。说完之后，他就在画纸上一通乱画，乱线盖住了之前的画面，使整幅作品看起来乱成一团。但仔细感受孩子的行为，他似乎正在用这种乱线表达自己愤怒的情绪。（图1-7）

如果我们不问孩子画的是什么，可能根本猜不出图1-8画的是一个红色的水杯，这是孩子蒙上眼睛通过触觉感知图1-9的陶瓷杯子后画出来的形状。这样的教学，可以激活孩子的感知系统，促进造型训练。

孩子用两个圈、一个点（图1-11）表现了图1-10中的透明滴瓶。如果不是孩子自己介绍，大人怎么也想不到孩子是通过从上往下俯视的角度来表达的。

图1-2 烫发的大树 KAKA 5岁

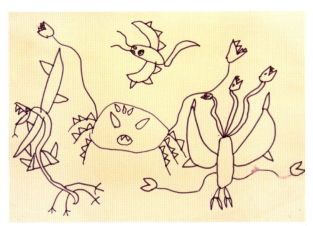

图1-3 怪物世界1 赵丹怡 4岁

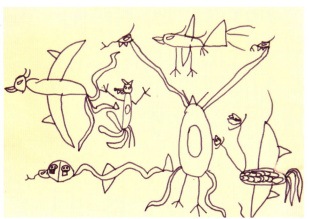

图1-4 怪物世界2 赵丹怡 4岁

图1-5 怪物世界3 赵丹怡 4岁 家里随笔作品

图1-6 字母 赵丹怡 4岁 家里随笔作品

图 1-7 让我生气的一件事 王信利 5岁

图 1-8 红色的水杯 苏意格 5岁

图 1-9 陶瓷杯子

图 1-10 透明滴瓶

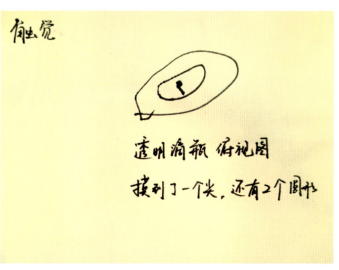

图 1-11 透明滴瓶俯视图 苏意格 5岁

02

孩子作品粗糙不美观，
家长如何理解这样的作品

贰 孩子作品粗糙不美观，
家长如何理解这样的作品

一、收纳盒的设计制作

"咦，什么东西？不好看。"这是大部分家长看到自己孩子不精致、不漂亮作品的反应。20世纪七八十年代出生的爸爸妈妈，很多没有从小自己动脑设计、动手制作的体验，思想里却总存留着一种很传统的观念：做什么就得像什么，否则就感觉没有认真做。

从实验艺术的角度看，孩子完成一件作品，我们更加看重的是过程中孩子独立思考的能力，从一个想法到自己动手做出来，在实践中培养孩子敢于不断创新和试错的精神。我曾遇到过这样一件事，分享出来，与家长朋友一起探讨我们应该如何理解孩子那些看似粗糙的作品。当家长面对"粗糙的作品"不再指责和嘲笑的时候，孩子就有了继续创作的信心和动力。

图2-1（左）
首饰收纳盒

图2-2（右）
研究制作

　　图2-1是朵朵设计制作的首饰收纳盒。收纳盒设计课结束后，朵朵欢快地跑到妈妈面前激动地说："妈妈，这是我给你做的一个首饰盒，这个格子可以放戒指，这个格子可以放项链，这个格子可以放……"

　　妈妈不假思索地说："我的钻戒怎么能放在这样粗糙的盒子里呢？"

　　妈妈的这句话像一盆冰水一样，把孩子的创作激情和期待一下子浇灭了。

　　妈妈没有尊重孩子的艺术作品，也不理解孩子的付出。这个"粗糙"的盒子，是孩子独立思考、独立制作的艺术作品。收纳盒设计的课程，注重培养孩子的空间转换能力和对物品收纳与分类的能力，根据被分类收纳物品的大小，激发孩子对自己身边物品的再思考。在设计过程中，孩子们要不断思考，有时可能还需要推翻原有的设计方案。动手制作盒子时，孩子需要自己寻找适合的材料、锯木头、组装。整个过程对于一个刚刚上小学的孩子来说是有一定难度的（图2-2），所以当孩子最终完成作品的那一刻，内心是非常喜悦的。而当妈妈那样表达时，孩子内心的失落和受到的打击可想而知。

朵朵妈妈什么时候改变了这样的观点和态度的呢？有一次我们开设了一堂家长工作坊的课程（图2-3），朵朵妈妈参加了课程，也做了一个首饰盒，工具和材料正好与朵朵当时用的相同。

朵朵妈妈制作完成后，我就找她谈谈感想。"真的不简单啊！"朵朵妈妈感慨道，"这个木料怎么就是不听我的话呢？我想把这木料锯得很直，为什么就是锯不直呢？"

图2-3 家长工作坊

"那您最后的作品很不错吧！"我略略暗喜地问。

"哎呀，有缝隙，我可真体会到制作的不易了。我有了想法之后，就特别期待看到成品，过程中又期待、又兴奋，虽然结果不太满意，这个盒子有一侧裂了一个大口子，但我还是把它拍下来发了朋友圈。因为这是出自我自己的想法，都是我自己动手制作的，看到它就有一种幸福感。"

工作坊体验完之后，朵朵妈妈才真正地理解孩子。这样的设计课，孩子的想法转换为作品时，父母应该更好地尊重和理解她，不能用不当的语言伤害她，不要抹杀她的创作欲望和动力，以及对艺术的热爱。

家长遇到这样的情况，应该更加重视孩子在创作过程中各种能力的培养，而不是要求孩子一定得做出一个非常精致完美的作品。我们应该给孩子慢慢成长的时间。（图2-4至图2-8）

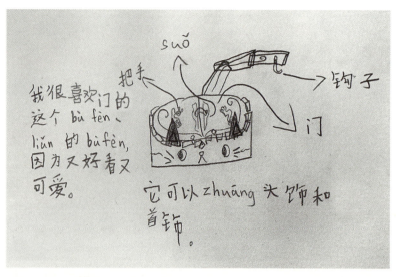

图2-4 小猫收纳盒设计图 赵丹怡 9岁

图2-5 小猫收纳盒制作 赵丹怡 9岁

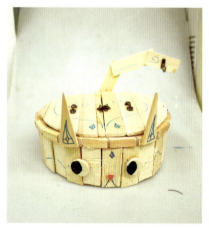

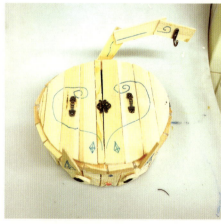

图2-6 小猫收纳盒1 赵丹怡 9岁　　　图2-7 小猫收纳盒2 赵丹怡 9岁　　　图2-8 小猫收纳盒3 赵丹怡 9岁

二、滑梯着火了

我看到孩子有的作品，就是乱七八糟的，根本就看不出是什么东西，怎么回事儿？有时候看孩子的作品，什么感觉都没有。

——兜兜爸爸

比如说"着火了"这个课题，孩子把一盆水全部浇在画上，家长看到这样的作品，如果不了解创作过程，课后肯定会批评孩子。"你怎么搞的，为什么把画面弄得这么脏、这么乱啊？"家长带给孩子的是一种压力与作品不被欣赏的负面声音。遇到这样的问题时，家长更应该去问一问孩子，向孩子了解作品产生的过程和孩子的想法。了解作品最终给孩子带来的教育价值是什么。

亮亮（刘湃）的这幅作品画的是幼儿园里滑梯旁着火的状况（图2-9）。他先画了滑梯，又画出了小朋友在操场上奔跑玩乐的状态，还画了小火苗。我觉得他画得特别好，小火苗特别精致，像在"噗噗"地燃烧着。片刻之后，当我回头再去关注这个孩子时，他正把洗笔筒的水往画纸上倒，口中还念叨着："消防员来啦！我要救火！"随后，他又找到一些沙子倒了上去，又混进去了各种颜料，一边用画笔在画纸上搅拌，一边喊着："救火啦！救火啦！"最后，整个画面变得一片模糊。作为辅导老师，我看到亮亮的这种创作状态特别激动，说："哎呀！你成消防员了，看看你现在画的这个画面，真的很像扑灭火灾之后浓烟滚滚的样子，什么都看不见了，小朋友们不见了，你画的所有的东西都不见了，我觉得你创作了一幅让我特别惊讶的作品，我太欣赏你的作品了。"此时，亮亮的眼神里充满了一种被肯定的自豪。他又马上拿起笔来救火，继续创作着他的滚滚浓烟，创作激情又被激发出来了。他创作完这幅作品以后，感觉自己像救了场大火，非常自豪和满足。

如果不是课后老师把孩子的创作过程传达给家长，家长是绝对不会欣赏孩子这样的作品的，肯定会说"画的这是什么东西呀？怎么全湿了？纸都漏了！"

这就是艺术实验的意义，孩子作品的最终结果并没有唯一的评判标准，创作的过程才是最重要的。

图2-9 着火的滑梯 刘湃 5岁

　　作为家长，要学会接受孩子的这种实验态度和方法，像科学家和发明家一样去实验、创新和试错。家长可以准备一些材料和工具，给孩子提供自由的空间，释放他们的可能性。比如，在创作的时候，不要害怕房间的地板、墙壁、桌子、椅子被弄脏，给孩子充分的自由，孩子在玩颜料的时候，喜欢把各种颜色混合到一起，不经意地发现色彩与色彩的调配变化，以及水和色彩调和后，偶然发生的各种现象和意境。当孩子经历了大胆的探索之后，各种现象就会储存到孩子的记忆中，成为他们的视觉经验，为他们今后创作更精彩的艺术作品打下基础。

　　任何一种成功的背后都有很多尝试，在这个体验的过程中会有很多模糊不清的感觉——不舒服或者是一种错误的感觉。只有通过多样的尝试，才会知道如何运用经验去完成自己的想法，所以想完成自己的想法，要经过很多的实验和探索。具有了这样的经验积累，还有大胆尝试的能力，才可以去进行创造性的工作。我们欣赏孩子的作品时，不能简单看最后结果，还要听听孩子的创作故事。哪怕不是漂亮的作品，但这是孩子自己探索时得到的宝贵经验。

三、味觉大洞

孩子在创作过程中有时候很投入或者情绪高涨，尤其是很多男孩子在创作的过程中，画面是凌乱模糊的，还有可能是破了洞的。

图2-10是一幅有洞的看似很破烂的艺术作品。孩子用了很多食材调料，调配了一杯鸡尾酒，他品尝秘制的味道，在这个鸡尾酒里面感觉到了哪些色彩，然后就去寻找这些颜料，把这些颜料涂

图2-10 味觉大洞 韩子格 5岁

画在纸上。创作的过程是充满激情和快乐的，孩子还不停地品尝，他说："还缺一个这个味道，哎呀！还缺一个这个味道。"他喃喃自语，把感受到的味道通过色彩直接转化到画纸上，所以他总在一个地方画，他的画纸就出现了破洞。

当画纸出现破洞被毁坏的时候，孩子多次说："我的作品画坏了，这幅作品我不要了。"这时作为老师的我说："你创作太投入了，居然把这个纸给画出了一个洞，这些颜色

就穿透进去了，你的这幅作品和一位艺术大师的作品特别相似，这位大师专门在自己的画布上划一个大口子。"这个孩子受到表扬和肯定后更加激动了，他就不在乎纸上有一个破洞了，他继续体会"鸡尾酒"的味道与色彩的转换。

孩子在整个创作过程中充满了激情，轻松而自由，味道与色彩转化的感觉特别棒。作为一位老师，欣赏孩子的作品，一定是欣赏他创作时的体验和感受，鼓励他的创作激情，让他在这一堂课上没有失落感。孩子在创作探索的时候，全身心地去感受体验，难免会把纸张弄破。我们不要说："你看你的画坏了，你慢点儿画行不行呀？你不要这么疯狂行吗？"这样很有可能会打击孩子的创作激情，我们应该鼓励他们这种大胆尝试的精神。

下课的时候，我主动与孩子妈妈沟通，告诉她孩子在创作的过程当中是如何的投入与激动，孩子的作品即使是已经破掉了，还在专注地创作探索，他最后的作品特别像一位艺术大师的作品。同时介绍一些艺术大师的经典作品，让妈妈学会用艺术鉴赏的眼光去欣赏孩子的作品，这样妈妈就会理解孩子的创作，不去在意画面有多美了，知道了孩子在创作过程当中不断地探索、实验，感受艺术的转换，把自己的感觉通过色彩转化出来，是非常有价值的。如果把作品进行装裱，展示在家中，这也是对孩子极大的鼓励和肯定，孩子会感觉自己是一位艺术家，有创作的欲望，所以说这幅作品是非常有穿透力的一件艺术创作。

什么是美？美是触动心灵的表达。不管孩子的作品表达的是什么，我们都要尊重他，因为想要培养出一个有思想、有创造力的孩子，就必须尊重孩子的创作过程以及其独特的表达方式。

03

孩子总是重复地画同一种形象，
家长如何理解

叁 孩子总是重复地画同一种形象，家长如何理解

一、公主书

孩子在成长的过程中，尤其是4岁左右，特别爱重复画一种形象。因为他们经常会看动画片和绘本，看完之后，他们便会把自己喜欢的角色记在脑海中，比如女孩子比较喜欢芭比娃娃，就会记住动画片中的公主，这些角色会在她们的脑海中反复出现。在创作的过程中，她们便经常会把这些形象用画笔呈现出来。这种对某种形象的持续关注，是孩子自然的心理流露，是研究精神的体现，是一种需要鼓励的行为。这种行为是阶段性的，当孩子的兴趣转移到另一些喜欢的事物上时，他们的绘画形象也会随之改变。

很多家长在不知情的情况下，总是会对孩子说："你怎么总是画公主呀？""你怎么总是画汽车啊？能不能换点儿别的？"殊不知，这些话往往会打消孩子绘画的积极性，破坏孩子的专注力。

当家长看到自己的孩子正在反复画一种形象的时候，可以引导孩子进行一些更深层

次的思考。比如喜欢画公主的孩子，家长可以给孩子找一些关于公主的电影，读关于公主的绘本或故事书，帮助孩子进行更多的思考，比如：公主的发型有什么变化？头饰是如何搭配的？服装有哪些不一样？

　　我的女儿在4岁的时候也出现了这种现象。我给她买过很多公主的书，她喜欢芭比娃娃，每天都抱着娃娃睡觉。那段时间她的绘画本上画的全是公主，我仔细看了看，发现每一个公主都有差别（图3-1）。我知道孩子正在通过不断地绘画来释放自己。我对她说："呀，你今天画的公主换发型了！太有趣了！"你这个公主叫什么名字啊？我发现她们长得不一样，你给她们起个名字吧。"此时，女儿发现妈妈正在欣赏自己的画。第二天，我又去看她画的公主，发现她给自己画的公主设计了新的裙子。我就说："这个公主跟上次那个又不一样了，你给她换衣服了！这样小公主就有多套衣服换了！"（图3-2）

图3-1 各种公主形象 赵丹怡 4岁 在家里的随笔创作

图3-2 发饰和服装的差异 赵丹怡 4岁 在家里的随笔创作

　　就这样，我对女儿画面的持续关注激发了她不断变换的动力。于是她又开始给公主换发型、换头饰、戴耳环和项链等。此时，孩子开始慢慢进入设计思维里，不断地进行仔细观察和细致设计（图3-3、图3-4）。后来，孩子在小纸片上画了很多很多的公主。我说："你画了这么多公主，我给你做一本公主书吧。"我把这些小纸片上的公主形象全部剪下来，贴到了一个比较厚的本子上（图3-5）。孩子特别高兴，她拿着我给她做的公主书一边翻一边跟我讲这些公主叫什么，做什么工作，穿什么裙子。我把她讲的全部记录在这本公主书上，记录下了她这个阶段的成长。

图3-3（左）
妆容的差异1
赵丹怡 4岁

图3-4（右）
妆容的差异2
赵丹怡 4岁

图3-5
公主书
赵丹怡 4岁
在家里的随笔创作

二、蛇

　　女儿画公主画了近一年,到了第二年,她就不再画了。不知道她什么时候看了《动物世界》,就开始喜欢画蛇了。那段时间她看了很多关于动物的书籍,每天都在画蛇,特别关注蛇身上的花纹、舌头、牙齿等。有一天,她看了《葫芦娃》之后,就开始画蛇在跟谁斗争的内容,还画了一本关于蛇精的小绘本,上面写着第一集、第二集、第三集。孩子通过一个蛇的形象,发展出了画连环画的能力。(图3-6至图3-9)

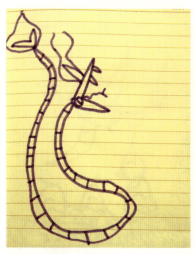   

图3-6 蛇1 赵丹怡 5岁　　　　图3-7 蛇2 赵丹怡 5岁　　　　图3-8 蛇3 赵丹怡 5岁　　　　图3-9 蛇4 赵丹怡 5岁

三、光头强

一个极其喜欢《熊出没》的孩子——杨昊源，他的创作都含有光头强元素。（图3-10至图3-18）

从开始对《熊出没》的角色进行单线绘画，到运用其角色进行流畅的叙事表现，之后对各种表现方式进行探索。在这个过程中，孩子通过各种主题、多种角度去表现自己喜欢的形象。（图3-19至图3-24）

当家长看到自己的孩子在没完没了地画同一个主题时，一定要明白，孩子是非常喜欢这个形象的。要带他们多接触相关的资料和知识，比如购买相关书籍，带孩子参观博物馆、动物园等，甚至在大街上都可以随时随地地观察。这样既能锻炼孩子的观察能力，又能培养孩子深入探究的学习习惯。

图3-10 拼贴画1 杨昊源 8岁　　　图3-11 拼贴画2 杨昊源 8岁　　　图3-12彩铅画 杨昊源 8岁

图3-13 线描 杨昊源 8岁

图3-14 素描1 杨昊源 8岁

图3-15 素描2 杨昊源 8岁

图3-16 光头强陶泥作品1 杨昊源 8岁

图3-17 光头强陶泥作品2 杨昊源 8岁

图3-18 光头强陶泥作品3 杨昊源 8岁

图3-19 熊出没 杨昊源 8岁

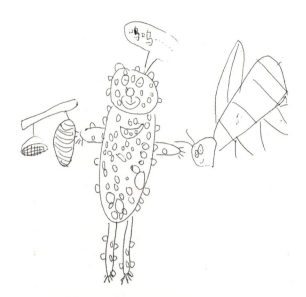

图3-20
被蜜蜂蜇的熊二
杨昊源 8岁

图3-21 熊二 杨昊源 8岁

图3-22 熊大 杨昊源 8岁

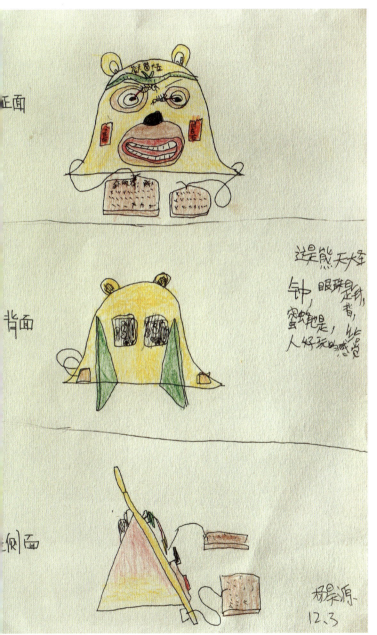

正面

背面

侧面

这是熊天大圣钟，眼珠是指针，蜜蜂钟是，让人好玩的感觉

杨昊源
12.3

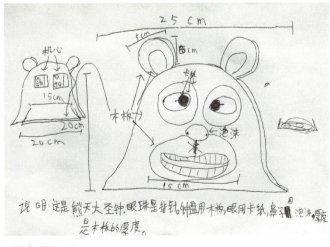

说明：这是熊天大圣钟，眼珠是指针，钟温用木板，眼用卡纸，鼻子用泡沫，是木板的厚度。

图3-23 熊天大圣钟 杨昊源 8岁

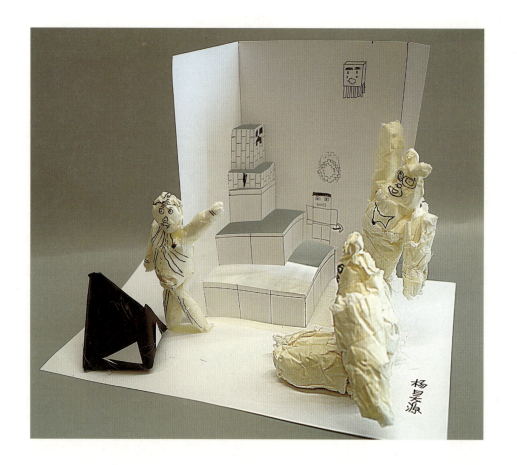

图3-24
《熊出没》 纸雕
杨昊源 8岁

04

孩子画得不像，感觉没有绘画天赋，还要学习绘画吗

肆 孩子画得不像，
感觉没有绘画天赋，还要学习绘画吗

孩子已经学习绘画很久了，可画东西总是不像，看着别的同龄孩子画什么像什么，总忍不住怀疑自己的孩子：是不是没有绘画天赋，不适合学画画呢？

——延延妈妈

"孩子学画画就是要画得像，画得不像就感觉没有学到本领。"这种认知根深蒂固地存留在很多家长的脑海中。追溯这种认知存在的根源，要从近代科技的发展说起。

在没有相机的时代，人们想把物像保存下来就只能通过画师用画笔画出来。

随着技术的发展，今天我们只需要轻轻摁动照相机的按钮就可以把物像保存下来了。人类画物像的能力被照相机完美地取代了。此时，如果我们还以画得像不像为标准去评判孩子的画面，就太狭隘了。在孩子很小的时候，我们不断去要求他们画得像，很容易使孩子丧失对绘画的热爱，感觉自己没有天赋，画不像，干脆就不画了。这样会影响孩子追求美、体验美、发现美、创造美的勇气。我们需要看到的是，孩子在成长过程中，用一种自己能够驾驭的艺术语言表达自己的思想，通过艺术来释放自己的内心。随着孩子慢慢长大，观察能力不断提升，孩子的绘画功夫自然会逐渐提升的。

12岁以前的孩子学习绘画，要多关注他们如何去想；12岁以后，孩子的观察力提高了，加上手腕灵活度的提高，造型能力很快就会得到明显的提升，这种提升是自然产生的。有时，孩子对自己也会提出更高的要求，当他们发现自己的造型能力无法支持其更好地表现自己想法的时候，也会想方设法地让自己画得像。这时的孩子属于自主学习，他们学习绘画技巧是为了能够更好地表达自己的想法，于是，愿意刻服一些枯燥的技术训练以达到自己阶段性画得像的目标。

一、画不像的钟宝贤

钟宝贤在丽娟实验艺术学习了近9年，我们从来没有要求她画得像，更多的是让她画自己的想法。随着年龄的增长，在12岁的时候，她自己开始要求自己画更深入的作品，此时，她的观察力是在逐渐地提升的。17岁时，她的作品就可以很形象地表达自己的想法了。（图4-1至图4-14）

在考入美国普瑞特艺术学院前，丽娟实验艺术为她办了个展，她居然用一晚上的时间完成了一幅大卫·霍克尼的写实肖像（图4-15），她想让她的偶像——大卫·霍克尼也参加她的这个展览。

图4-1
钟宝贤10岁作品

图4-2
钟宝贤10岁作品

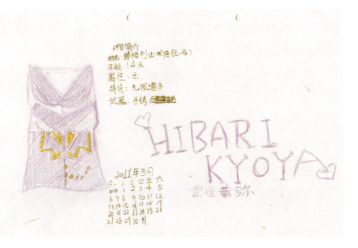

图4-3
钟宝贤11岁作品

图4-4
钟宝贤11岁作品

图4-5
钟宝贤11岁作品

图4-6
钟宝贤11岁作品

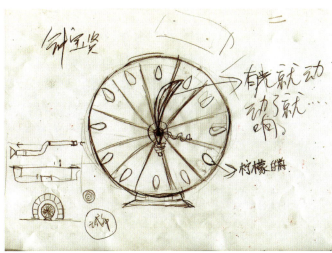

图4-7
钟宝贤12岁作品

图4-8
钟宝贤12岁作品

图4-9
钟宝贤13岁作品

图4-10
钟宝贤13岁作品

图4-11
钟宝贤13岁作品

图4-12（左）
钟宝贤14岁作品

图4-13（右）
钟宝贤17岁作品

图4-14
钟宝贤17岁作品

图4-15 大卫·霍克尼素描肖像 钟宝贤17岁作品 在家中完成的作品

二、画得"乱七八糟"的延延

延延在丽娟实验艺术学习6年了，从刚来到这里的时候，他就属于"画不像"的那类孩子，在他的作品中出现的形象不是最简单的"火柴人"，就是旁人眼里的"乱七八糟"。每当孩子来到丽娟实验艺术都特别的快乐，拿起画笔的时候总有画不完的故事。妈妈是心理学专家，很懂得如何保护孩子对画画的兴趣，但偶尔也冒出焦虑的情绪："别的孩子都画得那么好，我的孩子也有点儿太慢了吧！"后来，通过和老师的交流，延延妈妈逐渐地消除自己的焦虑。这种状况一直持续了约3年，孩子依然画着那些在旁人看起来"乱七八糟"的形象，这些形象在他这里成了一个符号、一种工具，他在用这些符号和工具去释放自己的内心。后来，随着延延的成长，那些看似"乱七八糟"的形象逐渐"规整""有形"了。（图4-16至图4-27）

图4-16 延延5岁作品（左）

图4-17 延延6岁作品（右）

图4-18 宋景延7岁作品

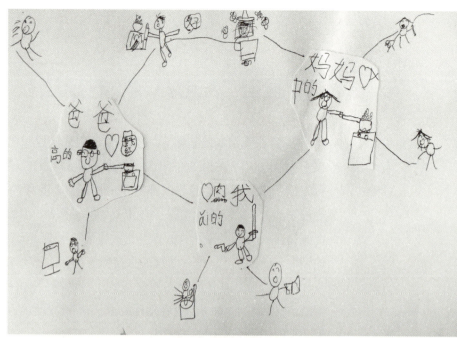

图4-19 宋景延7岁作品

这是一个昆虫的头。它像仙人掌长了个大辫子。

宋景延
2016.3.27

图4-20 宋景延8岁作品

图4-21 宋景延8岁作品

图4-22
宋景延8岁作品

图4-23
宋景延9岁作品

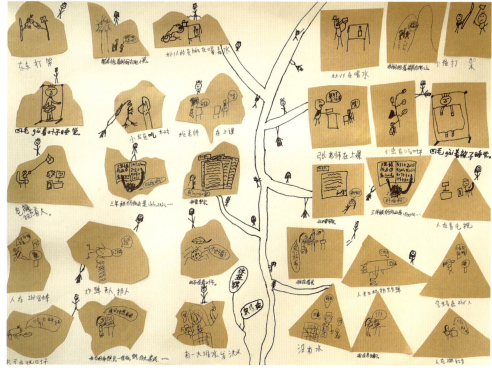

图4-24
宋景延9岁作品

图4-25
宋景延9岁作品

图4-26
宋景延10岁作品

图4-27
宋景延10岁作品

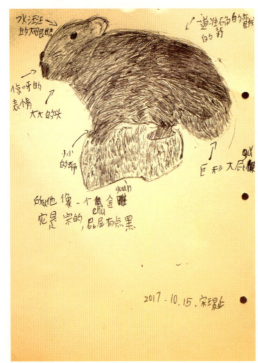

05

孩子几岁可以学习艺术技巧

伍 孩子几岁可以学习艺术技巧

一、什么是技巧

我不希望孩子过早地接触技巧，它会限制孩子的想象力。

——玲玲妈妈

我希望孩子学习技巧。他喜欢画画，但每次都画得特别的潦草，我每次看到孩子的同学能够画出非常好看的形象和画面，真的很羡慕。

——小虎爸爸

有的家长认为有创造力的孩子不需要艺术技巧，也有的家长认为孩子一定要学习艺术技巧才可以。这些想法都是片面的。

我们首先要认清什么是艺术技巧。传统观念认为，艺术技巧就是一些绘画技巧，如画石膏体、画静物的方法，甚至包括一些画简笔画的方法。绘画技巧仅仅是艺术技巧中的一种，并不能帮助孩子把所有想法都表达出来，在当代艺术美学的概念里，艺术技巧应该是指多方面的技巧。比如工具的使用技巧、材料的裁切技巧、粘贴技巧，以及观察技巧、表演技巧、摄影技巧等。（图5-1至5-3）

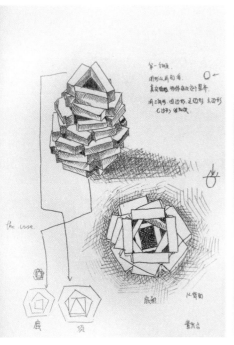

图5-1 实验素描的探究1 14岁

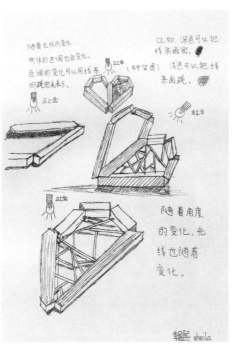

图5-2 实验素描的探究2 李盈熙 14岁

图5-3 实验素描的探究3 马骁 14岁

二、想法和技巧的关系

　　实际上，学习技巧在孩子一两岁的时候就开始了。吃饭如何拿勺子，如何抓东西，这些都是孩子在成长过程中需要学习的技巧。当孩子想画画的时候，我们就要教孩子拿笔的技巧，当孩子想用一根木头去表达想法的时候，我们就给孩子准备锯和木头，让他们去体验如何切割木头，这样我们就在教孩子做木工的技巧。当孩子在完成自己的想法时，需要各种各样的技巧的支撑，我们就帮他养成一种为了完成此想法而不断学习技巧的习惯。（图5-4至图5-7）

　　技巧的学习不是孤立的，是和创新同步进行的。孩子的创新过程应该是先有想法，然后去表达，在表达的过程中不断深化技巧的学习。这些技巧的运用会再度深化孩子的想法，而后再学习更深的技巧。技巧和创新就像我们的两条腿，只有两条腿相互协调我们才能走得更远。（图5-8至图5-15）

图5-4 刨子的学习

图5-5（左）
榫卯的学习

图5-6（右）
胶枪的学习

图5-7
空间结构的学习

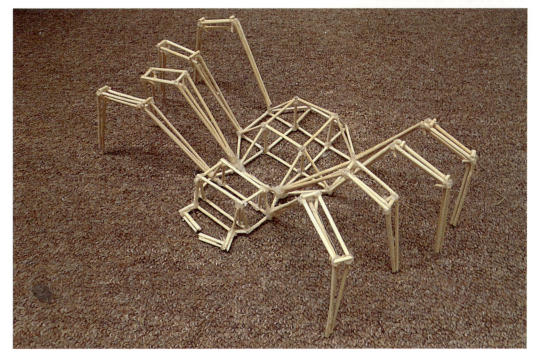

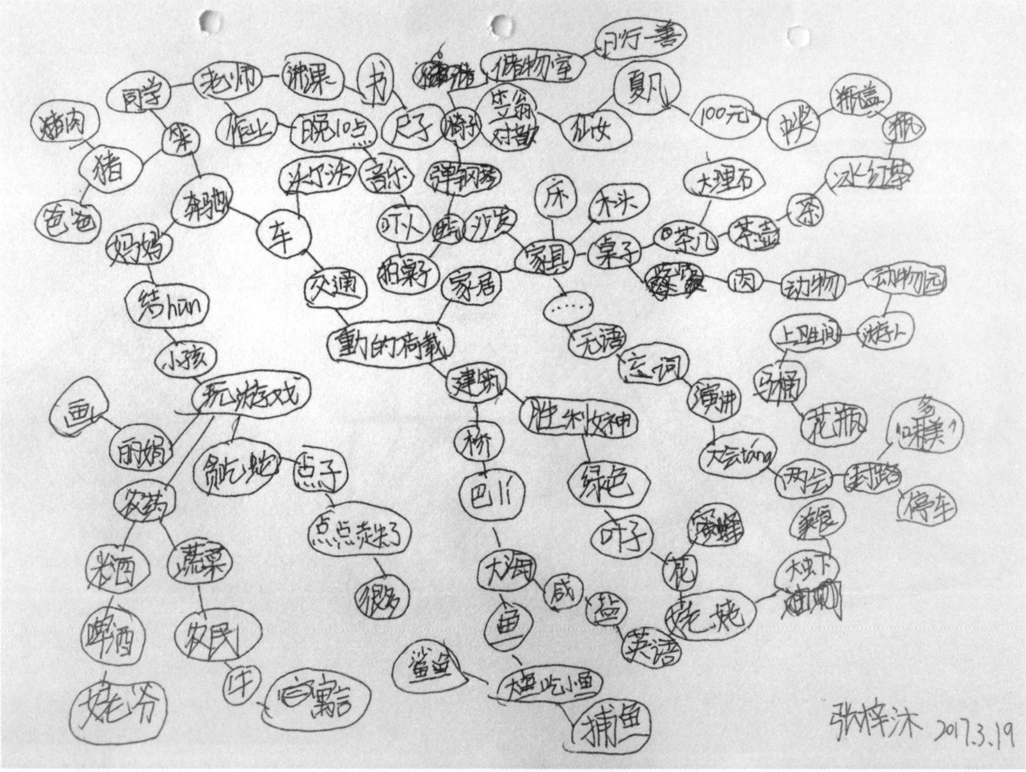

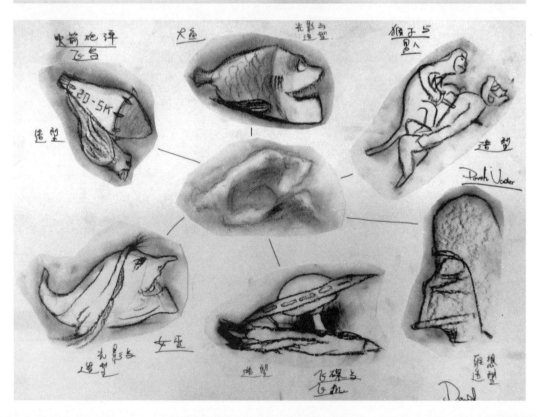

图5-8
思维导图的学习
张梓沐

图5-9
设计思维的学习
Darth Vader

图5-10 立体裁剪的学习1

图5-11 立体裁剪的学习2

图5-12 服装展示的学习　　图5-13 陶泥塑型的学习

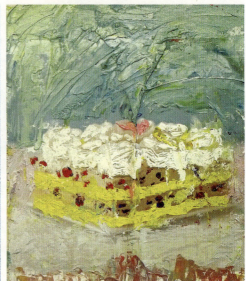

图5-14 油画刮刀技巧的学习　　图5-15 油画色彩调色的学习

06

在学习实验艺术的过程中，
一个很爱画画的孩子
为什么回家不爱画画了

陆 在学习实验艺术的过程中，
一个很爱画画的孩子为什么回家
不爱画画了

一、孩子的改变

　　YOYO来到丽娟实验艺术学习一段时间后，家长发现孩子回家后不如以前爱画画了。他之前是特别爱画画的，不知道为什么就不画了。家长开始质疑孩子是不是受到了限制，想找我问问原因，但一直没有抽出时间进行交流。又过了三个月，家长发现孩子又重新拿起笔来，执着地画呀画呀，与以往相比有很大的不同，现在想画什么笔下就能画出什么。

　　有一次，孩子的妈妈终于见到我，说："丽娟老师，告诉您一个好消息，孩子原来只画汽车（图6-1），现在想画什么就能画什么了！记得他来您这里学习之前，想画个鸭子必须让我教他画他才敢画。之前他总画汽车，是因为在他很小的时候姥爷教他画过汽车，所以每天只画汽车而且都一样，今天看到他能自由地画画非常感谢您。"（图6-2至图6-4）

图6-1 汽车简笔画 YOYO 4岁(上)

图6-2 战火中的车——乱线涂鸦 张晋 6岁 (右)

图6-3 百变车 张晋 7岁

图6-4 吉普车 张晋 7岁

很多孩子在画画的成长过程中，突然不像以往那么爱画了，也不在画纸上画得漫天飞舞了，家长就会有一种焦虑感。家长在遇到这种情况时，先不要着急，这属于孩子绘画过程中的一种正常现象。

孩子为什么不那么爱画画了？

其一，在实验艺术教学中，老师会引导孩子画自己心中的线条、图像，不去教孩子画简笔画，这样孩子会有一段时间处于矛盾期。孩子会想，之前是老师教我画什么我才会画什么，我之前画的都是老师教的，可是在学习实验艺术的过程中，老师让我画自己心中的图像，汽车不是我心中的图像，所以就不去画了。这时刚刚进入实验艺术学习，画自己心中图像的意识还没有建立，所以孩子就会有一个阶段回家不爱画画了。

其二，在实验艺术学习过程中会运用到很多材料和工具，他们已不满足只用绘画来表达自己的想法了，在家里如果没有这些工具和材料，孩子就无法表达自己的想法，所以就会表现出不爱画画的样子。

我们要给孩子成长的时间，改变和转化的时间。找到一种适合自己的表达方式是需要时间的，这是成长必须经历的一个过程。

二、丽娟实验艺术的乱线涂鸦课

在丽娟实验艺术的课堂上，老师不会教孩子一个东西具体怎样画，而是通过教学使孩子拥有一双善于发现的眼睛，灵活运笔的能力。让孩子的小手抓稳笔在纸上跟随着自己的大脑自由舞动，在自己涂抹的线条中发现造型，孩子就会慢慢练就出像孙悟空一样的"火眼金睛"，因为绘画造型的基本能力就是眼睛能够敏锐地观察事物。孩子手中的笔在纸上很快就涂得满满的，许多线条叠加在一起，画面的黑白灰很快就呈现出来了，这不就是素描的基础色调吗？让孩子在这样的乱线涂鸦中发现造型，孩子的超级观察能力就练出来了。经过一年到两年的训练，孩子就会拥有一双善于发现的眼睛。当孩子手中的笔能与心相连时，孩子能不会画画吗？画得像的能力也就具备了。

1.单色涂鸦

给孩子笔和纸，让孩子自由运动手腕和手臂产生线条，放音乐让孩子把纸张当作舞台，让笔在纸上跟着旋律自由运动，孩子在音乐声中有节奏地挥动他们手中的笔，此时要告诉孩子，用眼看着画纸，看看在纸上会发现什么。这里强调用眼看纸的目的是让孩子快速捕捉线条组合后产生的无数视觉效果。这样，孩子在短短几分钟内就会感受到画不同线条时手腕与臂膀的运动是不同的，挥动大臂膀画出的线是长的，组合的图形也是大的，只动手腕画出的线是短的，组成的图形也是小的。(图6-5至图6-7)

2.讲解涂鸦内容

经过十分钟，已产生出图形，有的纸已成为一张黑纸。这时，请孩子把纸拿到离自己一米远处观看，每张纸都不一样，让孩子说出纸上这个符号感觉像什么东西，或什么没见过的奇怪现象等。有的说像黑夜，有的说像龙卷风来了，还有的说像鸟巢，太多了。每个孩子都能发现很多有趣的图形与现象，这些奇妙的图形和现象可能有些人画了一辈子画也没有体会、发现过，而这种视觉冲击会深深地印在孩子的大脑里，如果能每天练十分钟，孩子的绘画造型能力会很快提高。

图6-5 小鸟的大脑袋

图6-6 小熊与怪兽

图6-7 愤怒的小猪

3.用二维方式表现涂鸦内容

用素描的形式快速地画出自己的想法后,这时就需要把这张纸上的符号用色彩表现得更丰富,深入表现自己的造型创想。为了让孩子对自己创造出的形象有更深一步的了解,要给他们查资料的时间,看真实的图片,这样孩子对颜色就有更丰富的视觉认识,也养成了乐于观察和查阅资料的习惯。(图6-8至图6-11)

图6-8 地球仪——涂雅

图6-9 地球仪——二维画面转换

图6-10 鱼刺在水里——涂雅　　　　　图6-11 鱼刺在水里——二维画面转换

4. 用三维方式表现涂鸦内容

当孩子把二维的作品创作完后，也等于完成了效果图，接下来就要作一个立体的成品了。这时要选择适合的材料，在老师的帮助下完成作品。（图6-12至图6-14）

图6-12 鸵鸟——涂鸦

图6-13
鸵鸟
——二维画面转换

图6-14
鸵鸟
——三维材料转换

07

艺术作品是如何揭示孩子内心世界的

柒　艺术作品
是如何揭示孩子内心世界的

○

一、幽灵幻影

艺术作品是一面镜子，会反映一个人的生活态度和心理状态。当我们琢磨孩子的作品时，能够看到孩子的内心世界：他最近有什么压力吗？他为什么要这样做呢？他最近在关注什么？

一个11岁的孩子通过艺术创作解除了对幽灵的恐慌

在创作作品之前，每个孩子都要说出有什么东西让自己喘不上气来、特别难受的。这个孩子说："在我妈妈上夜班我一个人独自在家的时候，我坐在书桌前有一种喘不上气来的感觉，我一动不动，感觉在屋子的四个角上有幽灵出现，在我头上徘徊，所以我很害怕，感觉呼吸都有困难。"

后来她用素描的方式把这种感觉画了出来（图7-1至图7-2），并做成了立体装置。她用木头做了一个方形的空间，然后用泡沫球以及黑布做了四个小黑人，把这四个小黑人吊在空间（也就是她的房子）的四个角上，并用橡皮泥捏了自己，坐在房子的中间（图7-3至图7-7）。做完作品之后，学生们还针对这件作品进行了答辩。过了一段时间，我问这个孩子："你现在还觉得那些幽灵存在吗？"她说："当我做完这个装置作品以后，就觉得家里再也不压抑了，再也没有这种感觉了。"

幻觉是一种虚假的感觉，它存在于人的恐惧、惊悚和压抑之中，当我们用材料把它做出来，既能摸到又能看到它时，这种幻觉自然就会消失了。

图7-1 素描——幽灵幻影1 翁雨奇 12岁
图7-2 素描——幽灵幻影2 翁雨奇 12岁

图7-3
工作照

图7-4
幽灵幻影艺术装置（过程图）
翁雨奇（12岁）

图7-5
超负荷艺术装置1
翁雨奇 12岁

图7-6
超负荷艺术装置2
翁雨奇 12岁

图7-7
超负荷艺术装置3
翁雨奇 12岁

二、与妈妈的隔阂

一个5岁的孩子通过艺术作品和妈妈解除了藏在内心多年的隔阂

每个人都会哭，但眼泪流下的原因各有不同，有时候是情感上的原因，有时候是身体外部受伤后疼痛的原因，还有的时候是气味刺激的原因。

西西3岁的时候，有一次妈妈冤枉并打了他，于是他在《我受伤了》的主题课上将这个经历用连环画的形式表达了出来，妈妈看到后非常震惊和后悔。其实那件事也留在妈妈的记忆里，但没想到孩子3岁时候的记忆，竟然留存到了现在。妈妈当即哭了出来，一把将孩子拥抱在怀里，对孩子说："妈妈终于知道为什么那时候你哭得那么厉害了，妈妈真的不应该这样对你，是妈妈错怪你了。"孩子的眼睛里也涌出了眼泪。

在"眼泪"课程中，每个孩子都分享出让自己流泪的经历，有高兴的、伤心的、疼痛的，甚至有些流泪的经历连他们自己的父母都不知道。当家长们看到这些作品的时候，很多都被深深地感动了，原来那些在家长们看来微不足道的细节在孩子眼里是这个样子。（图7-8至图7-17）

好的艺术作品，就是孩子的心理医生，可以帮助他们消除内心的困惑、焦虑和恐慌。当我们真正学会欣赏孩子的艺术作品时，我们会发现，很多作品的意义和价值并不仅仅是其本身所呈现的线条和颜色，或者材料和空间，其画面背后往往会透露出孩子最真实的情感：他们最近在关注什么，他们最近有什么变化等。所以，我们不要把一些立体作品很简单地理解为做手工，一定要看到作品背后孩子与他们的生活之间的关系。

图7-8 爸爸嫌我走得特别慢, 所以我有点儿生气、伤心, 特别想哭 张牧 5岁

图7-9 我不想穿这件衣服, 妈妈非让我穿, 我特别难过 晨晨 5岁

图7-10 因为我没有好好写作业, 妈妈就打我, 还有, 我妈妈说我写字不好看 michad Du 5岁

图7-11 我第一次上学的时候，我去我的班级时哭了，因为需要在学校等一天才能见到爸爸妈妈
都一鸣 6岁

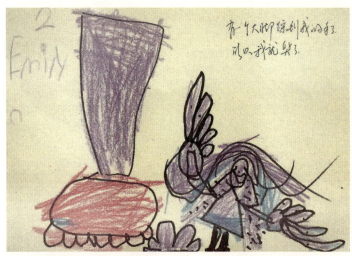

图7-12 有一个大脚踩到了我的手，所以我就哭了
Emily 4岁

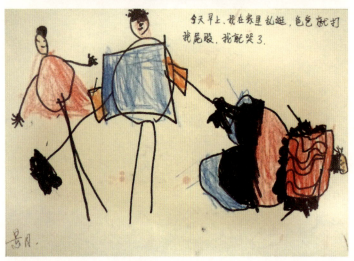

图7-13 今天早上，我在家里乱逛，爸爸就打我屁股，我就哭了
景日 5岁

图7-14(上左)
"彩色"眼泪1

图7-15 (上右)
"彩色"眼泪 2
olive 5岁

图7-16(下左)
"彩色"眼泪3

图7-17(下右)
"彩色"眼泪4

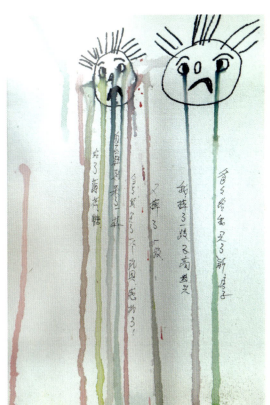

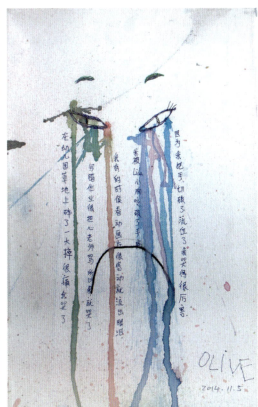

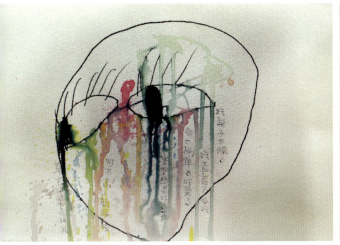

08

实验性艺术创作对孩子思维方式的影响

捌 实验性艺术创作
对孩子思维方式的影响

○

一、悬浮的城市——培养将想法转换为现实的能力

"悬浮的城市"这个课程，我们上了整整一个学期。课程前期，每一个孩子都独立完成了一个或多个非常精致的建筑或设施的设计。他们需要把自己的想法或设计构思转化成图像，然后把图像转化为立体作品，这种能力在孩子未来的学习和工作中是不可或缺的。（图8-1至8-8）

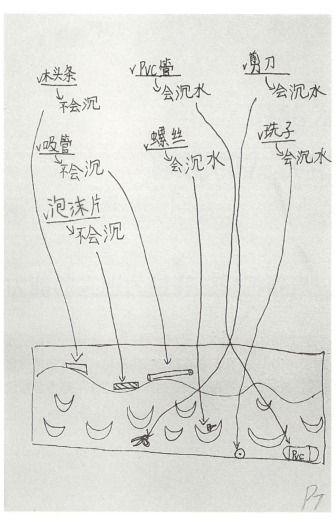

图8-1 城市思维导图　　　　　　　　　图8-2 实验报告图示

图8-3
结构搭建组合

图8-4
写生设计图
左小茜 8岁

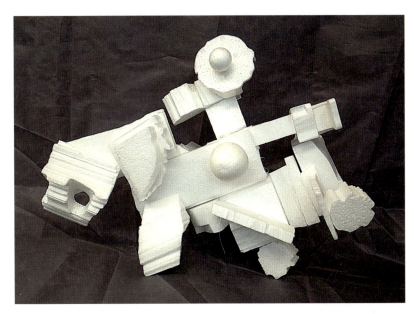

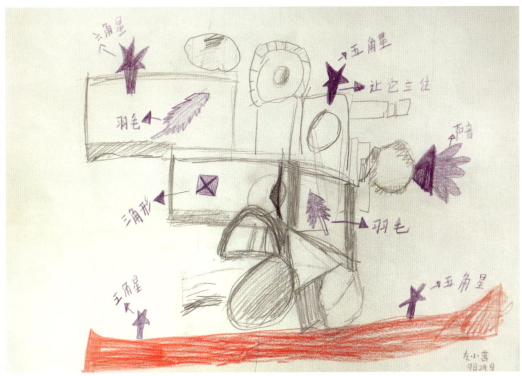

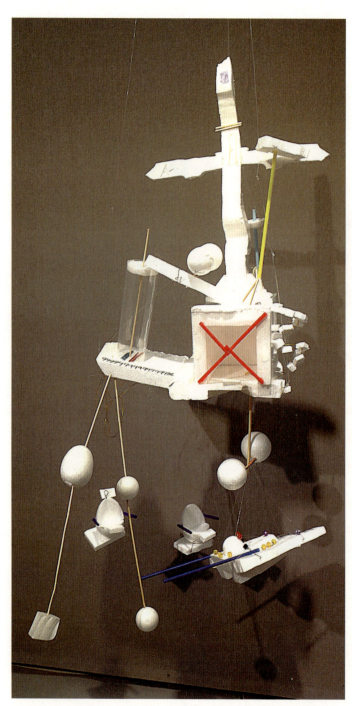

图8-5
写生设计图
林思慧 7岁

图8-6
城市的建构

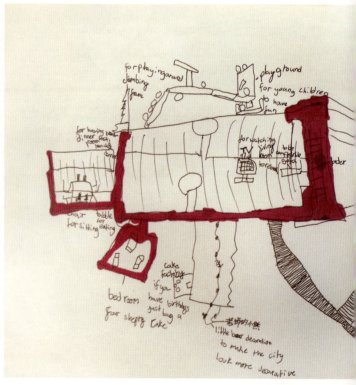

图8-7
城市的建构

图8-8
写生设计图
张逸岚 9岁

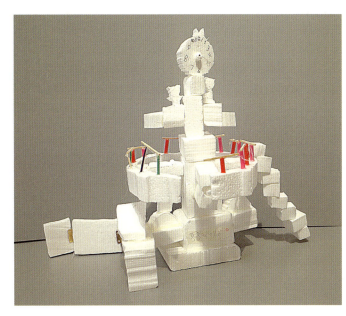

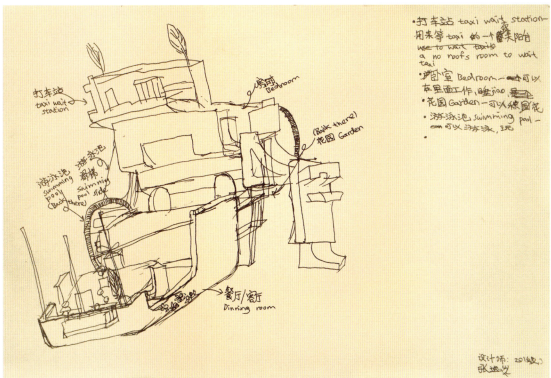

团队合作能力和整体规划能力的培养。当我们要把所有的建筑和设施组合成一个城市的时候，我们就必须把所有孩子设计的作品连接在一起。要考虑道路如何铺设，下水管道如何连通，天线如何架接，桥梁如何搭建。当我们把所有作品放在一起的时候，孩子们一下子就体会到了集体作品所带来的震撼效果。他们也会深刻地认识到集体合作的重要性。同时，在完成大型项目的过程中所学习到的整体思维方式，也会持续地留在他们的脑海当中，并伴随着他们一生的学习和成长。（图8-9至图8-17）

图8-9 悬浮实验 马粮承 9岁 郭宥辰 8岁
图8-10 悬浮城市制作1 陈振杰 7岁

图8-11 悬浮城市制作2 马粮承 9岁

图8-12 团队搭建1

图8-13(上) 团队搭建2

图8-14（下）悬浮城市干冰测试1

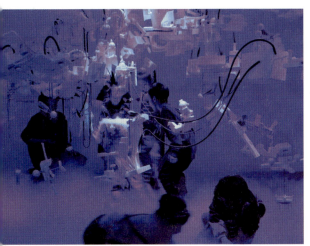 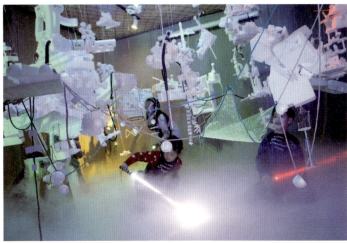

图8-15 悬浮城市干冰测试2

图8-16 悬浮城市灯光测试1

图8-17 悬浮城市灯光测试2

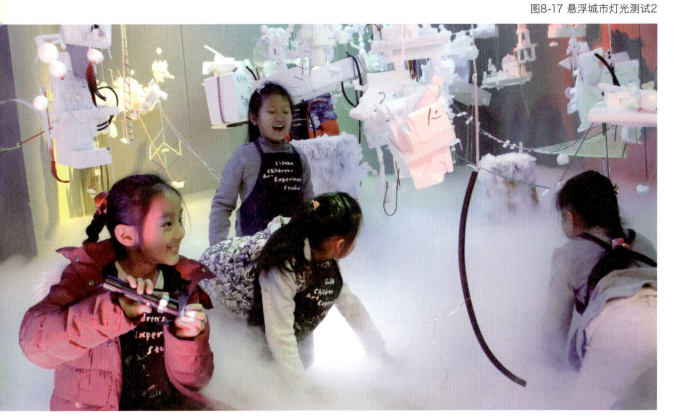

　　在这件作品里有个人自由思想的发挥，也有小组讨论的落实。当把每个个体作品连接在一起时，孩子们的智慧再次被激发起来。有的说我想坐着飞机去你家，还需要一个停机坪，孩子就马上拿来纸板开始做停机坪；有的说我想坐着秋千去上学；有的说我这里有滑道可以坐过山车到商场购物……城市里应有尽有，孩子的想象力被释放。还有一些真实存在的物理现象让孩子去深思如何解决，想办法，出主意，学知识，学技术，自学之门被打开。这就是教育给孩子最宝贵的东西。

二、纸的实验——通过实验培养创新意识

　　在日常生活中，我们时常会提到创新，但创新不是与生俱来的，它需要在实验的过程中不断地试错，然后在一次次的错误当中找出解决问题的方法，最终达到创新的目的。

　　在"纸实验"的课程中，我们要求孩子用一张纸完成十种以上的纸张站立方式。对于4岁至6岁的孩子来说，一种站立方式很容易完成，但要完成十种或二十种的时候就需要孩子们通过实验才能实现。实验的过程中，当老师看到一个孩子探索出了一种站立方式后，立刻告诉他："你要申请专利，其他同学如果跟你做的一样，就等于侵犯你创新的专利权了。"这些语言会潜移默化地影响孩子，让他们建立起"我要跟别人不一样""我要大胆地尝试""失败没什么大不了"的思维习惯。（图8-18至图8-25）

図8-18
纸的百变探索1

图8-19
纸的百变探索2 罗雨虹 7岁

纸 的 实 验

实验人:罗雨虹

2017.9.3

快速
把锯齿形的纸
剪去三角形,粘
到纸上,里面放
软纸.

把纸条变成圆,
套在一起.要粘住

第一款

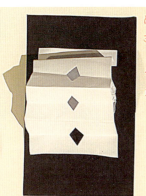

圆套在一起

把纸卷成条,再用胶枪粘起来

这是把一张纸撕成条,再在一个地方打多个结

结

球

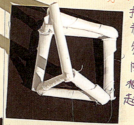

这是把纸弯曲,粘上的

无题

麻花

把粗一点的纸条按麻花辫的方法辫起来

我最喜欢

桶

把纸穷少一点,卷起来.

这是把纸折成锯齿形,在中间弄上一个胶再粘个纸条

蝴蝶结

把纸快速的撕下来就变卷了.

藤条

的 实 验 (2)

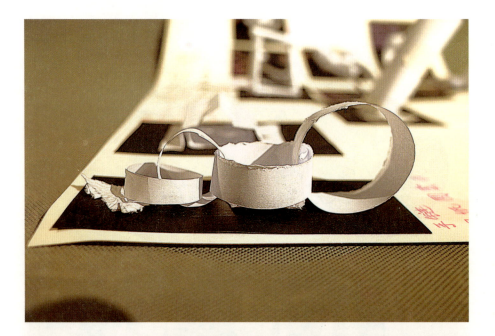

图8-20
纸的百变探索3

图8-21
纸的百变探索4

图8-22
纸的百变探索5 甜甜 5岁

图8-23
纸的百变探索6 蔡问桐 5岁

图8-24

纸的百变探索7 朱立 7岁

图8-25

纸的百变探索8

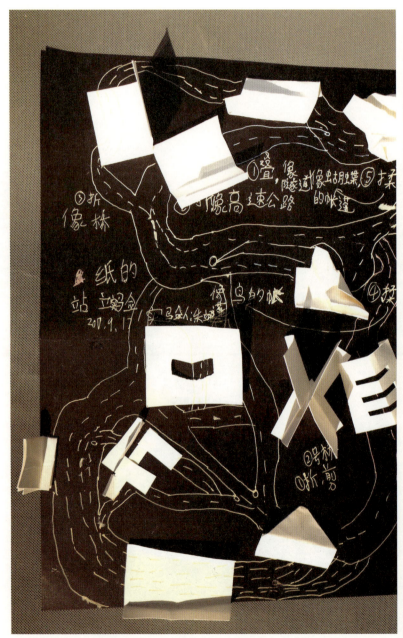

三、52号院生物研究——探究习惯的建立

一直以来，人们对艺术作品的欣赏大部分停留在画面上：这个画面漂不漂亮，那个构图好不好看。在现代，我们还需要把艺术看成一种思维方式，需要教会孩子用艺术的思维方式适应这个时代。

"52号院生物研究"是一个有趣的课程。在研究的过程当中，我们不是让孩子简单地拿笔把那些生物画下来，而是把绘画和手工制作当成一种研究工具，帮助他们去记录研究内容。孩子们需要通过调研收集各种生物资料，要自己制作装备去捕捉想要的生物，还要考虑展示排版，要研究生物的演变过程，这些艺术表达锻炼了他们递进式的思维方式和执行能力。这个课程和传统生物课的区别在于，不是说教知识而是从美学的角度去分析，去转换，把这些生物用美的形式展现出来。在创作和思辨的过程中，得到的是多种感官的感应和反射。当孩子有了这些体会之后，他们将会知道自己喜欢什么，自己如何去表达自己的想法，自己可以用什么方法去完善那些不完美的东西。通过艺术的表达培养孩子更加深入的观察能力。

孩子未来的成长，不管他是成为一个生物学家、科学家，还是一个医学家，都需要具备这种审美能力和运用美学手段去解决问题的能力。（图8-26至图8-40）

图8-26
野外生态考察1

图8-27
野外生态探索2

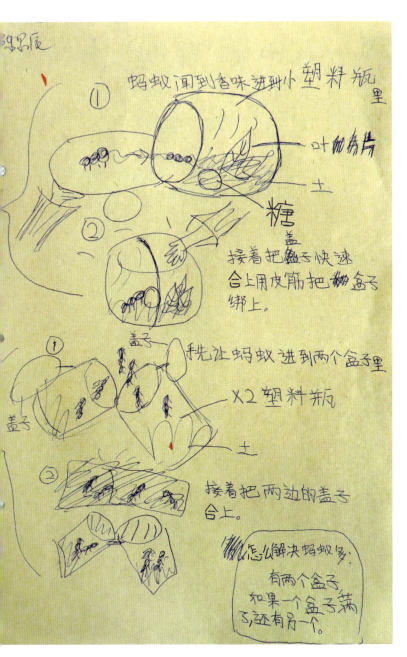

图8-28
昆虫捕捉工具设计图
陈思辰 8岁

图8-29
昆虫捕捉工具制作

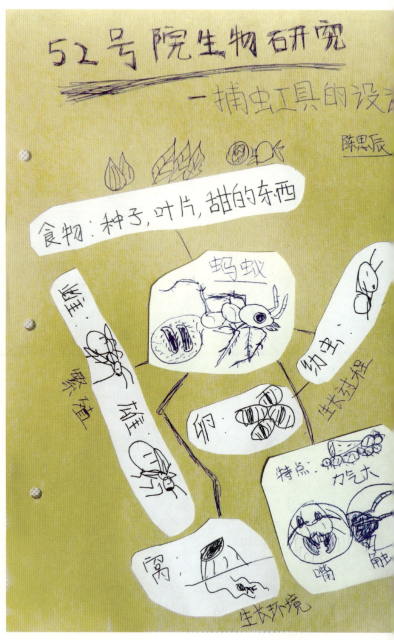

图8-30 户外捕虫测试

图8-31 蚂蚁的研究分析1 陈思辰

08
08
08

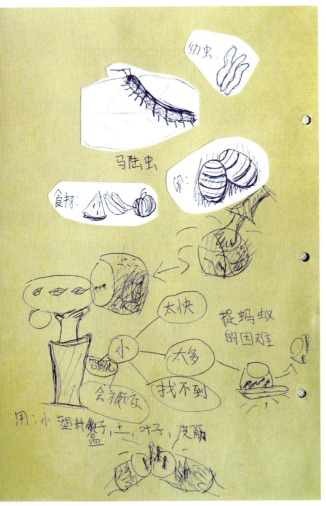

图8-32 蚂蚁的研究分析2 陈思辰 8岁

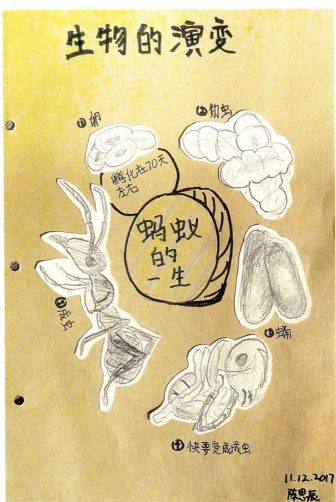

图8-33 蚂蚁的演变 陈思辰 8岁

图8-34 蚂蚁巢穴绘画 陈思辰 8岁

图8-35 展示制作 王堃 8岁

图8-36
蚂蚁微观生态
景观制作1

图8-37
蚂蚁微观生态
景观制作2

图8-38（右上）

蚂蚁微观生态景观3

图8-39（右下）

蚂蚁微观生态景观4

图8-40

生物研究汇报 陈思辰 8岁

四、关注消化系统——激发兴趣

图8-41
消化系统 赵丹怡 5岁

这幅作品从画面结果上看，既没有构图（套路构图），也没有比例，更没有太多的色彩技巧，它是好的艺术作品吗？孩子从中得到了什么呢？

首先，我们要明白一个长期被大众所误解的问题，就是对绘画作品的评价经常以画面结果为导向，构图不够完美，或比例不够协调就被认为没有画好。其实画面结果只是孩子在表达自己思想情感后遗留下的痕迹，在这个痕迹背后，更有价值的是创作艺术作品本身给孩子的深刻教育意义。

我们有一节课是研究肠胃，上课前，孩子并不知道肠子是什么样的，或是用来干什么的。上课的时候，每个孩子都得到了一根和我们人体肠子差不多长度的绳子，老师让他们把绳子拉直看看自己的肠子有多长，然后用绳子把自己捆住，再把这根绳子盘到了肚子大小的纸上。这种方式让孩子感知到了人体内部看不到、摸不着的器官，激活了他们对肠子的兴趣。最后，孩子们用艺术的形式将人体的消化过程重新进行了转换，食物从胃到肠子，最后变成了粪便，每个孩子还做了一个屎粑粑，这是孩子非常喜欢的一个结果。通过这节课，激起了孩子对身体的兴趣，很多孩子要求家长到书店购买和人体相关的百科全书。一位家长说，自从给孩子买了人体百科全书以后，每天都被催着要念几篇来听，有些内容还涉及我们没有研究到的细胞、大脑和神经系统等。（图8-41至图8-47）

图8-42　"肠子"的玩耍1

图8-43　"肠子"的玩耍2

图8-44　"肠子"的玩耍3

图8-45 消化系统作品1 崔雨婷 5岁

图8-46 消化系统作品2 李明阳 5岁

图8-47 消化系统作品3 Lion 5岁

　　艺术的学习也正像一个消化系统一样，可以帮助孩子把他们看到的和摸到的东西用各种艺术的形式表达出来。孩子在创作艺术作品时，不断动手、动脑，在触及心灵的过程中，也带给他们学习的兴趣和欲望，为他们打开一个个新的知识领域，让他们能够自主地展开更深入的学习。

　　我们让孩子学习艺术，并不是让他们日后一定成为一个画家，而是通过艺术的学习，帮助他们找到自己更多的兴趣点，提升他们的好奇心和求知欲。

09

家长对艺术的认知
决定孩子的发展方向

玖 家长对艺术的认知
决定孩子的发展方向

一、否定态度

在原始人类时期，绘画是出现在语言之前的（图9-1）。孩子的成长过程就像是从原始人进化到现代人的历程的一个压缩版。孩子两三岁的时候，语言还不是特别完善，语言表达的逻辑性还不是那么强，所以，这时的孩子特别需要用图像来帮助他表达思想。这个时候如果给孩子一支笔，他就会用小手抓起笔在纸上乱涂乱画，而且嘴里还发出声音，特别愿意让爸爸妈妈看，如果我们不了解孩子此时的发展需要，就有可能阻碍孩子自然的逻辑思维和语言表达能力的发展。如果我们能在此时给孩子提供画笔和纸张任由孩子自由涂抹，就会对孩子发展语言和大脑的逻辑性起到很大的作用。当孩子画完给家长讲时，家长一定要认真听孩子讲，哪怕是孩子把一根线说成是一棵树或一个人，也要静静地听他讲出来，因为这个时候是孩子的符号期，这些符号只有孩子讲给我们听，我们才能看出一些。

图9-1 原始壁画

　　图9-2是我家孩子在2岁时画的画，她反复地画着，画面只有一根或两根线条，后来她说："妈妈，蛇。"这时的画就是符号画，她要不说，作为家长的我是不知道她在画什么的。当孩子说出"蛇"时，家长要引导孩子继续说，可以问"蛇在干什么？"孩子说："蛇在跳舞！"笔在动，小屁股也在一扭一扭的。这样，语言在符号的引导下越来越丰富。（图9-3）

图9-2 蛇 赵丹怡 2岁

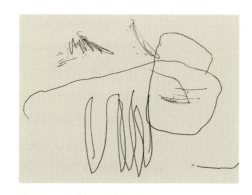

图9-3 蛇在跳舞 赵丹怡 2岁

此时最忌讳的是家长夸奖孩子这幅画画得真像，即使看出来真有些像也不要用这样的夸奖方式来表扬孩子。因为孩子在两三岁时对"像"这个字并不是很懂，孩子能看到的是妈妈在说"像"的时候满脸都是笑容，所以当孩子长到四五岁的时候，就会对"像"这个词有一个深入的认识，觉得"像"就是照片，而自己看自己的画并不像照片时，孩子就会对绘画有恐惧感，不敢再拿笔画画了，或者画画时总是撕掉，说自己画得不像。一旦在四五岁时留下这样的认识，将非常不利于孩子表达自己更深层的思想，同时也不利于孩子大脑逻辑思维的表达，有可能制约孩子个性和想象力的发展。

"你看悠悠画的汽车多好啊，你怎么不画汽车啊？"

果果很喜欢画鱼，每次课堂中总会有各种各样的鱼出现在他的作品中，每条鱼还能被他说出名字、功能，还有生活习惯。有一次上课，孩子又画了很多鱼，下课时，高兴地跟妈妈分享，妈妈只看了一眼便敷衍道："不错，挺好的。"然后，妈妈把目光转向旁边孩子的画说："你看悠悠画的汽车多好啊，你怎么不画汽车啊？"果果脸上立刻流露出了失望的表情。虽然当时孩子没说什么，可到了下一节课，当老师让她表达自己喜欢画的东西时，果果一动不动，大约过了半小时，老师蹲下来问孩子："你为什么不画呀？上节课画了那么多鱼，今天怎么不动笔呢？"这时，果果吞吞吐吐地说出几个字："妈妈不喜欢我画的鱼，喜欢悠悠画的汽车，我要等悠悠画完以后照着他的画。"

家长不经意的一句话，就把一个充满想象力、创造力的孩子引导到模仿的方向上去了。很多家长在欣赏孩子的作品时，总想找到一个参照物，当看到自己孩子的作品跟别人不一样的时候，首先就认为是自己的孩子出了问题。

美是每个人个性的释放，每个人在不同阶段对美的理解都是不一样的，我们必须尊重每一个孩子的个性和特点，学会欣赏孩子的与众不同，只有这样，孩子才会尽情释放自己，让自己享受艺术。当我们看到自己孩子的作品跟别人不同时，不要泛泛地说"你真棒""真好看"，而要说"哎呀，你创造了跟别人不一样的艺术作品，太美了"。这样就可以给孩子传递出一种信号，即与众不同就是美。慢慢地，孩子就会把这种对美的理解用到他自己的生活里去, 学会自如地表达自己的内心世界。

　　创造力是这个时代最常见的口号, 很多家长也都希望自己的孩子成为具有创造力的人。可是家长如果不会欣赏自己孩子的作品, 往往一句话就会抹杀掉孩子原本丰富的想象力和创造力。

当妈妈表示对孩子作品不满意时, 一个有创造力的孩子是怎样做的

　　教师节要到了, 妈妈拿来一张卡纸对孩子说:"你给老师画张贺卡吧!"乐乐拿起笔在卡纸上快速地画了一些乱线, 开心地对妈妈说:"这是我给老师的贺卡。"

　　妈妈却皱着眉头说:"你是不是累了呀? 要不要休息一下喝点水? 咱们一会儿再画一张。"

　　这样的声音传递到孩子耳边, 孩子马上回答说:"我不累, 我一点儿也不累!"

　　妈妈说:"要不咱们吃点儿东西之后再画一张吧?"

　　乐乐这时感受到了妈妈在拐着弯儿说自己画得不好, 结果眼泪哗地一下子就流了出来。

　　虽然妈妈没有直接说, 但是孩子听出来了。孩子其实是很聪明的, 能从妈妈的面部表情和话语中了解到妈妈是不太喜欢他画的这幅作品, 让他再重新画, 这个时候, 孩子大声哭着宣泄自己的情绪。

　　乐乐哭了一会儿后, 他停下来, 跑到书架前翻到一本书——一本艺术大师的画册绘本, 他拿着这本书翻开其中一页说:"妈妈你看这个艺术大师, 不也是乱乱涂吗? 但是他在表达他的一种思想, 他就用这种形式来表达了, 所以他才是一个大师。"孩子略带抽泣地说:"我表达的就是老师每天为我们辛辛苦苦地工作, 这样来回地奔忙很辛苦, 我用乱线表示他来回奔走的路线, 说明老师很辛苦啊, 所以我就这样来表达, 这是我的思想呀。"（图9-4至图9-6）

　　"孩子一拿起画笔就哭, 就算我怎么安慰她说, 你画得很棒, 也依然不起作用。"一位妈妈向我反映了这样一种现象。

　　4岁的点点拿起画笔就哭, 妈妈不让她画, 她还非要画, 这让妈妈非常困惑和苦恼。

　　我问:"孩子4岁之前是如何画画的? 她之前画过画吗?"

图9-4
孩子的涂鸦作品
赵丹怡 2岁

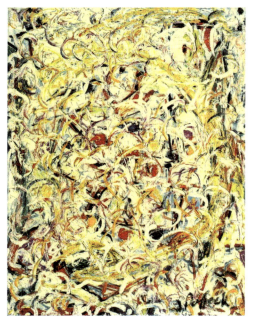

图9-5 波洛克作品——闪闪发光的物质

图9-6 波洛克作品——海神的召唤

妈妈说:"孩子3岁多的时候,特别热爱画画,每天都要拿一堆作品让我看,我认为画得乱七八糟的。"孩子问我:"妈妈,看我画的画好不好?"我总是觉得她画的画不如姐姐的好,就总会说:"你看你不如姐姐画得好,你要好好画。"直到后来有一天,孩子突然变得一拿起笔来就开始哭了。我意识到可能是给孩子的压力太大了,于是又赶紧说:"别哭了,你不想画就别画了,其实你的画也很好看,妈妈是跟你说着玩儿呢!"结果孩子哭得更厉害了,还说:"妈妈骗我!"

3岁多的点点其实是在用画画的方式释放自己。此时的孩子开始有想法了,而且难能可贵的是具备将想法用笔传达出来的能力。当孩子自由自在地绘画之后,着急让妈妈去欣赏的时候,其实是想和妈妈交流沟通:我在做什么,我在想什么。可是家长却把画得像不像、漂不漂亮当成标准去评判孩子的作品。此时,孩子内心的失落可想而知。当孩子也感觉自己画得不好,画得不如姐姐好的时候,慢慢地就不敢自由、流畅地表达自己了,即使自己很想表达,由于家长长期对孩子的态度也会让孩子无法像以前那样自由表达了。孩子用来释放自己内心的工具"坏了",就像我们成年人,有时候既想说话,又怕说错话的感觉,既痛苦又压抑。所以对于一个孩子,当他说不清楚自己的感受时,就只能用哭来表达自己了。

一年的时间里,家长持续的负面评价,否定孩子的绘画内容,渐渐给孩子烙下了心理伤痕。这种情况下,如果想去除孩子的心理阴影和障碍,让孩子重新爱上画画,就需要更长时间的耐心指导和"心理治疗"了。要让孩子感受到我们在真诚地欣赏他的作品,对他画面中的故事感兴趣,愿意耐心地倾听。

二、积极态度

4岁的桐桐刚到这里的时候,每画完一幅画,就把它撕掉,一遍遍反复地画了撕、撕了画……我感觉这个孩子在生活中一定有过心理伤痛或害怕被指责的经历。后来了解到,桐桐在3岁到4岁期间，家里一年换了十个保姆，其中一个保姆还经常打她。这个阴影一直存留在孩子的心里，所以在她画画时总会有一种恐惧感，怕别人说她、指责她，所以当我去看她的画时，她就马上撕掉。

我用了将近半年的时间持续地关注这个孩子，经常对她说："我爱你的画，画得太有意思了！""你的作品太让我惊喜了，我要收藏起来！"我不但用诸如此类的话去赞赏她，还把她的一些作品装裱在画框里，挂在教室中，并告诉她这件作品是我最喜欢的。慢慢地，桐桐终于不再把自己的作品撕掉、扔掉了，并开始学会保存自己的作品了。

三、中立态度

在评价孩子的作品时不要说"你真棒""挺好的"。

有一部分家长属于"中立派"，当看到孩子的作品时，其实他们知道不能否定孩子，但是没有真诚地去欣赏孩子的作品，没有全身心去了解孩子的作品，只会表面上说："挺好的。""真棒。""宝贝你画得真好呀。"有的孩子虽然会欣然接受你的赞美，但是他们会迷惑，不知道自己的画到底好在哪里。

所以，家长们在夸奖孩子的作品时，不仅要真诚地去欣赏这些作品，更要有互动沟通的技巧，如："你的作品太与众不同了，你会有这样的想法，太让我惊讶了。""哇，你是怎么想到这样做作品的呢？""你是怎样想到要这样表达的呢？"……这样的互动沟通，既说明你对他的作品很感兴趣，又能引导孩子把他的绘画再通过语言表达出来，这样既锻炼孩子的语言表达能力，同时也让孩子得到了一种温暖，他感受到自己的作品被肯定和认可了，会更加自信地运用绘画去表达自己的思想。这对孩子来说是一种非常有意义、有价值的引导。

除了对结果的夸赞，我们还要给孩子态度上的指引，好的作品需要创作过程中认真和专注的态度。可以对孩子说"你竟然把这些细节都观察到了！"。这样的引导会使孩子慢慢地养成认真观察的习惯。因为绘画的基本功就是培养敏锐的观察力。

家长的支持和信任帮助孩子进入世界一类艺术院校

宝贤在丽娟实验艺术学了9年，非常热爱艺术设计，想去美国一类艺术学院继续学习艺术。在丽娟实验艺术的最后一年，也就是高三，我们为她出了一本作品集，帮助她申请艺术院校。当孩子把自己的作品集拿到学校国际部放在中介老师面前时，中介老师告诉她，这些作品连二三类院校也申请不上，让她赶快去补补课，争取帮她申请二三类院校。宝贤听到这些非常不服气，坚称自己只考美国一类院校。可老师却说她高傲自大、不尊重现实，并告诉宝贤妈妈："回家劝劝孩子，不要好高骛远，不尊重现实，我们都是为了她好，也为了学校的升学率啊。"妈妈这时也被老师说得开始怀疑孩子了。所以打电话给我，问："我的女儿能考到美国一类院校吗？我的女儿是不是太高傲自大了？"听到宝贤妈妈略微颤抖的声音，我告诉她："相信你的孩子，她即使高傲自大也要让她自己跌下来警醒，但是有几个孩子有这样的志向和勇气，敢说这样的大话？宁可试一试也不要耽误了。还有，现在有很多美术老师也未必会欣赏真正的好艺术，你一定要全力支持女儿。"妈妈鼓起勇气帮助孩子找到另一家中介公司申请美国一类艺术院校。最终，宝贤被美国一类艺术院校录取，得到了面试老师的高度赞赏。孩子目前已经在美国普瑞特艺术学院读大三了，在班级里还是个有思想、有作为的引领者。

在这个时代里，很多固化的审美观总在误导着人们，比如案例中的第一位中介老师就属于不知道什么样的作品是好作品，差点儿耽误了孩子前程的一类人。如果家长缺乏国际视野和对孩子的信任，孩子的未来有可能就被家长给耽搁了。所以，家长的视野与认知决定孩子的未来。当孩子面对质疑的时候，家长的态度是非常重要的，家长的支持是孩子最坚强的后盾。作为父母，要不断去学习新的理念，提升自己对艺术的认知和修养，要多了解孩子的内心需要，这样才能在关键时刻为孩子提供帮助并给予方向指引。(图9–7至图9–9)

图9-7 钟宝贤申请美国艺术院校部分作品1　　　　图9-8 钟宝贤申请美国艺术院校部分作品2　　　　图9-9 钟宝贤申请美国艺术院校部分作品3

10

如何看待孩子参加绘画大赛

拾　如何看待孩子参加绘画大赛

一、大赛的主题要贴近孩子的生活

　　什么样的绘画大赛适合孩子参加？有时候家长面对这样的问题其实是很有疑惑的。有的家长觉得孩子既然学了绘画，就会问孩子为什么不参加绘画大赛？

　　在我身边就有一个案例分享给大家。一个孩子在我们丽娟实验艺术学习了4年，家长对我们的教育模式以及教育理念是非常理解和欣赏的。但是，有一次孩子的学校组织学生参加一场绘画大赛，他就特别不理解自己孩子的绘画作品为什么画成这样。家长带着这样的疑惑和我沟通。他在学校里拍了几幅参赛作品，让我猜一猜哪一幅作品是他的孩子画的。我一眼就看出那幅画面最简单的是他孩子的作品，因为那幅作品里没有特别强的老师辅导的痕迹，也没有特别深的简笔画痕迹。家长的疑惑是孩子学了4年时间的绘画，为什么画这么简单的一幅？这样的作品家长理解不了，觉得孩子白白学了4年，家长认为其他孩子的画面是那么的丰富，色彩整齐漂亮，人物画得灵活多变。

　　关于家长的这个质问,我进行了分析比较。校园绘画大赛的主题"我爱祖国""和平世界"等,这些主题与孩子的日常生活有一定距离,孩子面对这样的题目不知道如何去表达,会觉得茫然,自然就画得比较简单。而其他学生的作品,有专门的绘画老师辅导,老师会告诉孩子国旗、和平鸽、爱心、橄榄树、地球等图像是"我爱祖国""和平世界"的主要表达元素,然后用简笔画的形式教孩子如何去画,所以孩子在老师套路式的指引下,就可以把大赛主题表达得面面俱到,画面非常完整饱满。(图10-1至图10-4,丽娟实验艺术早期孩子参赛作品)

图10-1

爱祖国·北京赢了

胡效铭

图10-2
爱祖国·申奥有我一
个
孙文

图10-3
爱祖国·神州五号
王泽英

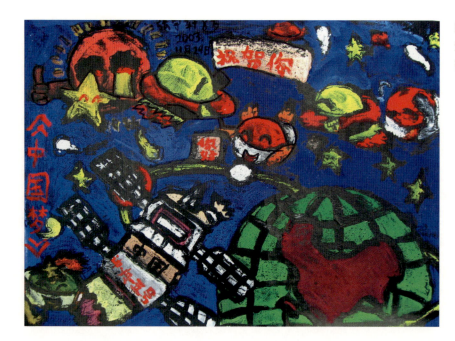

图10-4
爱祖国·中国梦
张宇轩

　　这个孩子来我们丽娟实验艺术是在小学一二年级的时候，在这里主要培养她的艺术项目策划能力、调研能力、创造力以及演讲能力等综合能力，孩子的绘画以及文字都是为了记录，是为完成项目服务的。孩子在这里学习的过程中，更多的是研究她自己的生活，比如喜欢的昆虫，生活中遇到的一个事件，以及生活中遇到的问题等，学习用设计思维解决问题，用艺术的形式进行转换。所以她遇到"我爱祖国"等主题绘画大赛时，就会比较焦虑，她会打开记忆里曾经已有的一种绘画模式进行表达，幼儿园老师教过的简笔画正好符合大赛要求，她就把曾经学过的简笔画运用到绘画大赛中了。因此，这样的一幅作品并不代表她不会创作、不会画画、不会完成一个有意义、有思想的艺术创作。

　　丽娟实验艺术的课程主题都是围绕孩子的生活展开的，每个主题都先从调研开始，过程中还要结合实验和动手实践。最后，当孩子们开始创作的时候，已经对要创作的主题有较好的理解。

有的家长会从参赛的作品来评价孩子的能力，其实这对孩子来说非常不公平。因为有的绘画大赛，主题和孩子的成长是脱节的，所以孩子不会创作这类主题性作品，其实也属于正常现象。那么作为家长、老师如何选择一个适合孩子的大赛呢？我们选择大赛时，大赛的主题要贴近孩子的生活，比如：我身边的一个小故事，我喜欢的一个宠物，或者设计一个自己喜欢的玩具等。贴近孩子生活的大赛，会使孩子表达得更真实，会启发、锻炼孩子的创造性思维。

从某种角度讲，我不建议孩子在很小的时候参加大赛，因为有比赛就会有攀比，评比的过程对孩子来说不利于他们向内发展，容易使孩子从小产生攀比和急功近利的心理。

孩子很小的时候，不要给孩子设置一些与竞争相关联的生活体验，尤其是艺术项目，应该让他们用一种内在的力量和智慧去表达自己的兴趣，完成自己内心的成长。4岁至18岁这个阶段的孩子最重要的应该是做自我储备，而不是把学习当成比赛，把好成绩当成是一种目标和名利，这样会造成孩子过早地养成了攀比心理，对孩子的成长不利。

二、艺术拍卖会与主题展

丽娟实验艺术每年都会为孩子举办艺术拍卖会，通过把自己的作品拍卖出去，孩子们发现自己的作品是有价值的，而且知道了市场尊重原创。

记得我初次组织孩子进行艺术作品拍卖时，初心是想拿出一些资金拍孩子的作品给孩子一个圣诞节的鼓励，可是就这样一个小小的想法却让这个活动进行了八年，并且已成为丽娟实验艺术的每个孩子圣诞节期盼的固定活动。 为什么会坚持这么久，孩子都那么喜欢呢？ 这源于在第一次圣诞拍卖会上一个孩子给我的感动。那是个小学二年级的孩子，一直在丽娟实验艺术学习，淘气得很。每次上课就钻到桌下，画画也漫不经心的，自从在拍卖会上她的一幅作品以165元的价格被拍走后，孩子一下子就变了。活动结束后她认真地和妈妈说："以后我的作品不可以扔掉，要把作品全部装到一个密封的箱子里，明年我还要拍卖呢。"后来我发现，这个孩子上课出奇的认真，每一幅作品都要把自己的最高水平发挥出来。她的转变让我感觉孩子的学习动力是被那次拍卖会点燃了。这样的方法没有竞争却能给孩子带来学习的动力，是鼓励孩子的好办法，值得推广。这种形式对孩子多方面的能力和意识都有帮助，比如：演讲的能力，欣赏其他孩子作品的意识，收藏好作品的意识，尊重创新的意识，做慈善的意识。（图10-5至10-18）

　　我们不组织孩子参加大赛，但是我们每两到三年举办一次大型的主题展，还参加一些国际性展览项目，让孩子的作品挂在高大的美术馆展厅里。每个孩子都参加，让孩子知道，这样一场艺术盛宴是每个人集合起来才有的如此壮观的景象。让孩子体会自己的作品在集体作品里的重要性，让孩子体会个人和团队的荣耀。有些大孩子还参加布展工作，学习如何策划一场大型展览。这些都是一个艺术人应具备的综合能力。（图10-19至10-21）

图 10-5 圣诞艺术品拍卖会1
图 10-6 圣诞艺术品拍卖会2

图10-7 收藏者与小艺术家　　　　图10-8 艺术家收藏者　　　　图10-9 艺术家收藏者

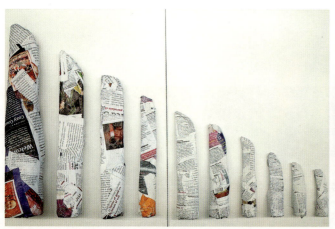

图10-10 课堂作品: 文明的更迭 曹乐宇 14岁

图10-11 课堂作品: 勤劳小蜂 董一萱 10岁

图10-12 课堂作品: 恐龙化石 黄佳妮 12岁

图10-13 课堂作品: 拥挤 李佳音 14岁

图10-15

课堂作品：

"洞"系列2 杨镇

铭 14岁

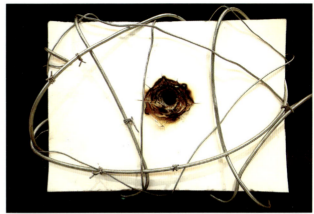

图10-14

课堂作品：

"洞"系列1

杨镇铭 14岁

图10-16

课堂作品：

白虎 李泽辰 16岁

图10-17 课堂作品: 循环 杜雅蕾 14岁

图10-18 课堂作品: 凝视 刘荣健 15岁

图10-19 2015年上海双年展现场

图10-20 参观波兰艺术家"我文化"国际大型艺术创作展

图10-21 "北京.北京"当代艺术教育课题展开幕现场